This book belongs to:_____

This is me:

I am

Active

I am

Kind

I am Loved

I am

Strong

I am Playful

I am Silly

I am

Gracious

I am

Courageous

I am
Confident

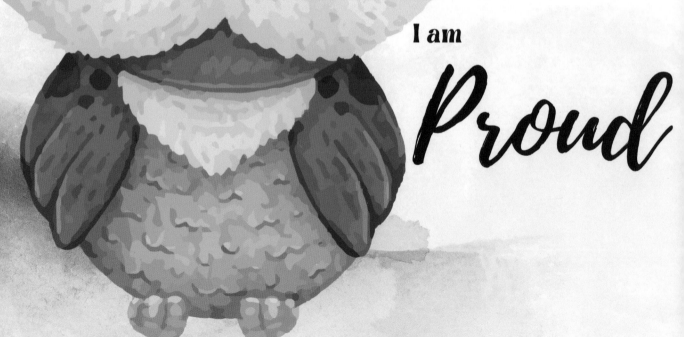

I am

Proud

I am

Creative

I am

Beautiful

I am *Healthy*

I am

Brave

I am

a good
listener

I am

Patient

I am

Powerful

I am

Bold

I am

Caring

I am

Talented

I am Thoughtful

Printed in Great Britain
by Amazon

21842258R00016